Beate Fiedler
Eine von uns?

Beate Fiedler

Eine von uns?

Für Lehrkräfte gibt es zu diesem Buch
ausführliches Begleitmaterial beim Hase und Igel Verlag.

© 2016 Hase und Igel Verlag GmbH, Garching b. München
www.hase-und-igel.de
Lektorat: Sabine Müthing, Patrik Eis
Illustrationen: Anna Laura Jacobi
Druck: CPI – Ebner & Spiegel, Ulm

ISBN 978-3-86760-187-0
1. Auflage 2016

Inhalt

1. Kapitel:
Klassenfoto

Herr Gabler steht am Fenster des Lehrer-
zimmers und beobachtet das fröhliche Treiben
auf dem Schulhof. Die Jungen und Mädchen
begrüßen sich freudestrahlend. Sie fallen sich
um den Hals und sind glücklich darüber, sich
wiederzusehen. Alle haben sich viel zu erzählen
und reden wild durcheinander. Herr Gabler
muss schmunzeln. Er freut sich auf seine
Klasse. Einige Schülerinnen und Schüler aus
seiner 7a stehen zusammen am Schulhoftor.
Sie scheinen in den Ferien gewachsen zu sein.
   Linda kommt auf die Gruppe zu. Sie hat
eine neue Haarfarbe. Die anderen Mädchen
betrachten sie von allen Seiten und nicken ihr
bewundernd zu. In der Ferne taucht Metin
auf. Mit langsamen Schritten nähert sich der
große Junge der Gruppe. Alle Köpfe drehen
sich in seine Richtung. Einige Mädchen

winken ihm zu. Aber Metin lässt sich nicht aus der Ruhe bringen. Er grinst.

Die Schulklingel ertönt und Herr Gabler nimmt seine Tasche vom Stuhl. Er stößt einen leisen Seufzer aus. Hoffentlich geht alles gut, denkt er.

Draußen begrüßen ihn seine Schüler stürmisch.

„Herr Gabler, schauen Sie mal die Linda an. Die hat rote Haare, wie Pumuckl. Voll cool!", ruft Jenny. Das Mädchen zupft an seinem Ärmel.

„Ich sehe es, Jenny, ich sehe es."

„Waren Sie im Urlaub, Herr Gabler?", fragt einer der Jungen.

„Haben Sie sich auf uns gefreut?", will ein anderer wissen.

Dicht gedrängt stehen die Jugendlichen um ihren Lehrer herum. Nur Metin hält sich ein wenig abseits und betrachtet das Gewimmel.

„Machen wir wieder ein Foto?", fragt Linda.

„Ja, natürlich", antwortet Herr Gabler, „aber wir warten noch, bis die anderen Klassen in ihren Räumen sind. Wenn es ein bisschen ruhiger geworden ist, stellen wir uns auf."

Es ist zur Tradition geworden, dass jeden Sommer nach den Ferien ein Klassenfoto gemacht wird.

„Wir können auch erst die Taschen nach oben bringen", schlägt Jenny vor.

„Nein, lasst uns unten bleiben. Wir bekommen eine neue Schülerin. Wäre doch schön, sie gleich hier zu begrüßen."

„Eine neue Schülerin? Davon haben Sie uns gar nichts gesagt."

„Das habe ich auch erst vor ein paar Tagen erfahren."

„Kennen Sie die schon?"

„Was ist das für eine?"

„Wo war die denn vorher?"

Gerne würde Herr Gabler die vielen Fragen beantworten, aber er kennt das Mädchen

9

selbst noch nicht. Nur gehört hat er von ihr –
bei der letzten Lehrerkonferenz wurde lange
über sie gesprochen. Sie ist anders als ihr,
könnte er sagen. Aber er tut es nicht. Nervös
schaut er in Richtung Straße. Ob sie sich
doch eine andere Schule ausgesucht hat?
Vielleicht wäre das sogar besser, überlegt er.

Die Kinder stellen sich an der Sitzbank
unter der großen Birke genau so auf, wie sie
es im letzten Jahr getan haben. Einige sitzen
auf der Bank, andere stehen dahinter. Un-
geduldig schauen die Jungen und Mädchen
in seine Richtung.

„Kommen Sie, Herr Gabler, alle warten
schon", sagt Metin.

„Moment", zögert Herr Gabler, „da kommt
ein Auto. Das wird sie sein."

Ein roter VW-Bus kommt um die Ecke
gefahren und hält vor dem Tor.

„Die kann doch gleich dazukommen. Die
anderen haben ihr schon einen Platz auf der

Bank frei gehalten. In der Mitte, wie beim letzten Mal", erinnert sich Metin.

Die Schüler der 7a haben sich das so ausgedacht. Sie wollen immer den gleichen Platz einnehmen und jeder Schüler, der neu in die Klasse kommt, soll auf dem Foto am Schuljahresanfang in der Mitte der Bank sitzen. So soll sich jeder neue Mitschüler sofort wohlfühlen. Im letzten Jahr hat Metin dort gesessen. Aber das neue Mädchen wird einen anderen Platz bekommen müssen.

Fröhlich lächelnd kommt das Mädchen auf Herrn Gabler und Metin zu. Ihre Mutter steht am Zaun und schaut ihr nach. Nun haben auch die anderen ihre neue Mitschülerin entdeckt. Herr Gabler kann nicht verstehen, was die Kinder sagen, alle reden wild durcheinander. Metin ruft den anderen zu: „Die sitzt im Rollstuhl."

„Metin", mahnt Herr Gabler, „das sehen sie doch."

11

Dann reicht er dem Mädchen die Hand.
„Hallo, herzlich willkommen! Ich bin Herr
Gabler, dein Klassenlehrer. Wir wollen gerade
ein Klassenfoto machen. Kommst du mit?"

5   Marla nickt ihm fröhlich zu: „Ja, gerne!"

Metin schnappt sich ganz selbstverständlich den Rollstuhl und schiebt das Mädchen zu der Gruppe.

„Das ist Marla", sagt der Lehrer zu seinen Schülern, die das neue Mädchen nun entgeistert anstarren. Vorsichtig rutschen die Schüler, die auf der Bank sitzen, zusammen und schließen den freien Platz in der Mitte. Metin schiebt den Rollstuhl neben die Bank und bleibt dahinter stehen. Wie ein großer, starker Beschützer, denkt Herr Gabler.

13

2. Kapitel:
Ein neuer Raum

Mit misstrauischen Gesichtern sehen sich die
Jungen und Mädchen in ihrem neuen Klassenraum um. Herr Gabler hat sich große Mühe
gegeben, den Raum ähnlich wie ihr altes
Klassenzimmer zu gestalten. Die Plakate,
die die Jugendlichen im letzten Schuljahr
angefertigt haben, hängen wieder an den
Wänden, die Pflanzen stehen auf der Fenster-
bank. Selbst die Zeichnungen aus dem Kunst-
unterricht schmücken die neuen Wände.
Trotzdem kommt keine Begeisterung auf.

„Das ist ätzend hier", mault Eric.

„Ja, Mann. Direkt neben dem Zimmer
vom Schulleiter", stimmt ihm Florian zu.

„Es ging nicht anders. Und der Raum ist
doch schön. Viel größer als der andere",
versucht Herr Gabler die Jugendlichen zu
beschwichtigen.

„Ja, schon, aber jetzt sind die anderen Klassen so weit weg von uns. Hier waren doch immer die Lehrerkonferenzen. Wo sind die denn jetzt?", will Linda wissen.

„Oben, in eurem alten Klassenraum", erklärt Herr Gabler. „Marla kann keine Stufen steigen und sie braucht eine Toilette, die sie auch mit ihrem Rollstuhl benutzen kann. Da kam nur die Lehrertoilette infrage. Bei den anderen kommt sie gar nicht durch die Tür."

„Ach so", sagt Jenny, „der Chemieraum und der Physikraum sind ja auch hier unten. Da kann Marla dann überall mitkommen."

„Warum bauen die keinen Fahrstuhl ein?", fragt Max.

Einige Mitschüler grinsen. Max wird von den meisten „Professor" genannt. Er möchte ständig irgendetwas bauen und Sachen erfinden. Nachmittags sitzt er oft zu Hause und denkt sich vollkommen unnütze, aber meist sehr lustige Dinge aus.

„Ein Fahrstuhl, das wäre doch echt eine gute Idee. Kommen Sie mal mit, Herr Gabler. Ich zeige Ihnen, wo man den anbauen könnte."

Max läuft zügig in Richtung Tür, aber Herr Gabler hebt abwehrend die Hände. „Lass mal, Max, wir bekommen keinen Fahrstuhl. Das ist auch gar nicht nötig. Marla kommt auch so überall hin."

Marla hat ihren neuen Platz sofort gefunden. Ihr Tisch sieht anders aus als die ihrer Mitschüler. Er ist breiter und die Tischplatte ist schräg. Ihr Rollstuhl passt zwar gut unter den Tisch, aber die Arbeitsplatte ist etwas zu hoch.

„Warte!", ruft Max und kurbelt an einem kleinen Hebel. Er hat sofort erkannt, dass die Tischplatte verstellbar ist. Man kann sie ganz einfach hoch- oder herunterfahren lassen. Max ist begeistert. „Geiler Tisch", sagt er, „so einen hätte ich auch gerne."

3. Kapitel:
Erzähl doch mal!

Die Schüler haben aus ihren Stühlen einen
Kreis gebildet. Sie beginnen jeden ersten Schultag nach den Ferien mit einem Gespräch.
Jeder kann erzählen, was er erlebt hat oder
was er sich für die nächste Zeit vorgenommen
hat. Manchmal werden auch Ausflüge geplant oder andere wichtige Dinge besprochen.
Oft muss Herr Gabler die Schüler ermahnen,
weil alle durcheinanderreden. Heute spricht
niemand. Alle schauen zu Marla, die mit
ihrem Rollstuhl zwischen die Stühle von
Linda und Emma gefahren ist.

„Möchte jemand von seinen Ferien erzählen?", fragt Herr Gabler in die Runde,
aber alle bleiben stumm.

„Gut", sagt Herr Gabler nach einer Weile.
„Möchte vielleicht jemand etwas anderes erzählen oder eine Frage stellen?"

Jetzt gehen mehrere Arme nach oben.

„Sitzt die immer im Rollstuhl?", fragt Justin und grinst. Einige Schüler lachen.

Herr Gabler lacht nicht. Er schaut Justin ziemlich böse an. Dann sagt er: „Die hat einen Namen, konntest du ihn dir nicht merken?"

„Okay, sitzt Marla immer im Rollstuhl?"

Der Lehrer schaut zu dem Mädchen.

„Möchtest du die Frage selber beantworten?", will er wissen.

Marla nickt. „Ich hatte einen Unfall mit dem Fahrrad, als ich fünf Jahre alt war. Seitdem kann ich nicht mehr laufen."

„Wie ist das passiert?", will Semra wissen.

„Ein Lkw-Fahrer hat mich übersehen. Er ist rechts abgebogen und hat mich erwischt. Ich lag ein paar Wochen im Koma und war über ein Jahr im Krankenhaus."

In der Klasse entsteht ein lautes Gemurmel. Aber Marla lässt sich nicht aus der Ruhe

bringen. Sie redet einfach weiter und sofort hören ihr wieder alle zu. „Ich hatte noch Glück. Ich hatte so schwere Verletzungen, dass die Ärzte gar nicht wussten, ob ich den Unfall überleben würde."

„Glück?", ruft Justin. „Ich wäre lieber tot, als in so einem Ding zu sitzen."

„Genau", mischt sich Linda ein, „mit so einem Rollstuhl kannst du doch gar nichts mehr machen."

Marla schaut unsicher zu ihrem neuen Lehrer.

Herr Gabler fragt: „Stimmt das? Kannst du nichts mehr machen?"

Sie überlegt einen Moment, dann antwortet sie: „Eigentlich kann ich fast alles machen. Nur gehen kann ich eben nicht."

„Und nicht Fußball spielen!", ruft Justin. Wieder lachen einige Mädchen und Jungen, aber die meisten finden Justins Bemerkung nicht lustig.

19

„Stimmt", sagt Marla, „und manche andere Sachen auch nicht, zum Beispiel Schlittschuh laufen." Jetzt grinst Marla und viele lachen mit ihr.

5 „Aber, Herr Gabler, dann kann Marla auch nicht beim Sportunterricht mitmachen. Was macht sie denn, wenn wir in der Turnhalle sind?", fragt Lucas.

„Ihr habt in diesem Schuljahr Schwimm-
10 unterricht."

„Aber schwimmen kann sie doch auch nicht."

„Doch", ruft Marla dazwischen, „das kann ich sogar richtig gut!"

15 „Was?", fragt Lucas verwundert. „Wie geht das denn?"

„Ich hab das so gelernt, wie ich jetzt bin. Vor meinem Unfall konnte ich noch gar nicht schwimmen."

20 Die anderen Schüler staunen. Wieder reden einige durcheinander.

„Aber wie kommst du denn ins Schwimm-
becken?", will Semra wissen.

Ohne dass Marla antworten kann, ruft
Metin: „Ich kann sie tragen. Das schaffe ich."

Die anderen lachen. Metin sieht sich erstaunt um. Er versteht nicht, was an seinem
Vorschlag lustig sein soll.

„Ich brauche ein bisschen Hilfe, aber
eigentlich komme ich alleine ins Wasser. Ich
stütze mich mit den Armen ab."

„Mit den Armen?", fragt Eric. „Ist das nicht
total schwierig?"

„Geht so", sagt Marla. „Meine Arme sind
ziemlich stark." Sie lacht und spannt ihre
Armmuskeln an. Und tatsächlich wölbt sich
die Haut ihrer Oberarme beachtlich.

Eric macht es ihr sofort nach und versucht,
seine Muskeln mit ihren zu vergleichen. „Ich
glaube, ich bin stärker", sagt er. Aber man
hört schon, dass er nicht wirklich überzeugt
davon ist.

„Wir können mal Armdrücken machen",
schlägt Marla grinsend vor.

„Nee, nee, lass mal …", meint Eric.

Dann klingelt es zur ersten Pause. Die
Mädchen und Jungen verlassen fröhlich
schwatzend den Klassenraum. Marla ist
mitten unter ihnen. Und obwohl sie auch
ohne Hilfe auf den Pausenhof kommen
würde, schiebt Metin wieder den Rollstuhl.

4. Kapitel:
Aller Anfang ist schwer

Ein paar Tage später sitzt Marla am Nachmittag schlecht gelaunt in ihrem Zimmer. Sie schaut aus dem Fenster und fragt sich, ob es eine gute Entscheidung war, die Schule zu wechseln. In beiden Pausen hat es an diesem Tag Ärger gegeben. Erst haben zwei kleine Jungen um sie herum Fangen gespielt und ihren Rollstuhl als Schutz benutzt. Als Metin gekommen ist, sind die Jungen weggelaufen und haben ihm lachend die Zunge rausgestreckt.

„Passt auf, dass ich euch keine runterhaue!", hat Metin ihnen wütend hinterhergerufen.

In der zweiten Pause haben die Jungen dann einen Zettel mit der Aufschrift *Krüppel* an die Rückseite des Rollstuhls geklebt. Jenny hat ihn entdeckt, abgerissen und in die Müll-

23

tonne geworfen. Solche Erlebnisse hat Marla
in ihrer alten Schule nicht gehabt.

„Kommst du mit in die Stadt?", hört Marla
ihre Mutter aus der Küche rufen. Marla hat
keine Lust. Aber die Sonne scheint und das
Wetter ist viel zu schön, um im Zimmer zu
sitzen. Und von diesen kleinen Blödmännern
will sie sich den Tag nicht verderben lassen.

Die Mutter steht schon an der Haustür
und hält den Autoschlüssel in der Hand.

„Lass uns doch laufen", sagt Marla.

„Ich muss zu viel einkaufen", antwortet
ihre Mutter.

„Ach, die zwei Hosen und die paar T-Shirts
für mich, die kann ich doch auf meinen
Schoß nehmen", sagt Marla und grinst.

„Ja klar. Jede Woche neue Klamotten …
das könnte dir so passen! Aber vielleicht
einkaufen und dann ein Eis?", fragt ihre
Mutter und hält ihr die Hand hin, damit
sie einschlägt.

„Okay", sagt Marla, „aber ein großes. Und
später noch ins Kino."

Die Mutter lacht und schüttelt den Kopf.

Wenig später sitzen sie vor dem Eiscafé
in der Sonne und zwei riesige Eisbecher
stehen auf dem Tisch. Marla beobachtet die
Menschen, die an ihnen vorbeischlendern:
alte Leute, verliebte Pärchen, kleine quen-
gelnde Kinder, die sich an den Händen ihrer
Mütter durch die Fußgängerzone ziehen
lassen. Ein Mann, der mit seinem Rollstuhl
an ihrem Tisch vorbeifährt, lächelt sie an.
Marla wundert sich nicht mehr darüber.
Die meisten Rollstuhlfahrer lächeln sie an.
Als wollten sie sagen: Hallo, wir gehören
alle zusammen.

Plötzlich sieht sie Jenny und Fiona auf der
anderen Straßenseite.

„Hallo!", ruft Marla und winkt mit beiden
Armen. Die beiden Mädchen werden auf sie
aufmerksam und kommen an ihren Tisch.

„Seid ihr shoppen gewesen?", fragt sie.

„Schön wär's", meint Jenny, „keine Kohle. Aber wir probieren einfach alles an, was uns gefällt."

„Bis sie uns rausschmeißen", fügt Fiona lachend hinzu.

„Wollt ihr ein Eis?", fragt Marlas Mutter.

Die beiden Mädchen schauen sich etwas unsicher an.

„Ich lade euch natürlich ein!"

Wenig später sitzen die Freundinnen mit am Tisch und haben Eiswaffeln in der Hand. Jenny plaudert vergnügt drauflos: „Stell dir vor, Fiona hat gerade ein Dirndl angezogen! Dann hat sie sich vor dem Spiegel hin- und hergedreht und war so begeistert …" Sie muss losprusten und kann kaum weitersprechen. Das Eis läuft an ihrer Hand herunter und sie hat Mühe, sich nicht überall zu bekleckern.

Als sie sich wieder ein bisschen beruhigt hat, erzählt Jenny weiter: „Da kam eine Ver-

käuferin – und weißt du, was die gesagt hat?"
Vor Lachen laufen ihr schon Tränen über die
Wangen. „Für so ein Kleid brauchst du aber
erst mal ein paar ordentliche Brüste!"

5   Fiona verzieht das Gesicht und tut ein
bisschen beleidigt. „Da hattest du aber Spaß,
was?", sagt sie und boxt Jenny angriffslustig
in die Seite.

Marlas Mutter hat bezahlt und will weiter.

27

„Was macht ihr noch?", fragt Marla die beiden Mädchen.

„Keine Ahnung", sagt Jenny, „ein bisschen werden wir noch hier bleiben."

„Marla wollte mich ins Kino schleppen, aber wir haben bei Filmen nicht den gleichen Geschmack. Habt ihr vielleicht Lust?", fragt die Mutter und kramt in ihrem Geldbeutel.

Fiona und Jenny schauen sich unsicher an.

„Wir wollen uns nachher im Park noch mit Freunden treffen", sagt Fiona schließlich.

„Vielleicht gehen wir ja mal an einem anderen Tag ins Kino", meint Jenny.

Marla nickt. Sie ist ein bisschen enttäuscht, gerne hätte sie den Nachmittag mit den beiden Mädchen verbracht. Aber keine von ihnen fragt sie, ob sie vielleicht mit in den Park kommen möchte.

5. Kapitel:
Casting

In der 7a herrscht große Aufregung. Alle haben
lange auf diesen Aushang im Flur gewartet.
Nun steht der Termin für das Casting endlich
fest: In zwei Tagen ist es so weit! Jedes Jahr
gibt es am letzten Schultag eine Abschlussfeier
mit einer besonderen Aufführung. In diesem
Jahr soll das Musical *High School* einstudiert
werden. Dafür werden deutlich mehr Darsteller gebraucht als in den Jahren zuvor. Viele
Jungen und Mädchen möchten dabei sein.
Aus diesem Grund gibt es ein Casting, bei
dem sich herausstellen soll, wer sich als Sänger,
Schauspieler oder Tänzer eignet.

Auch Jenny will unbedingt bei dem Musical
mitmachen. Als sie mit Fiona und Marla auf
dem Pausenhof zusammensteht, singt sie und
tanzt dazu. So kennt sie es aus der Verfilmung
des Musicals, die sie schon sehr oft gesehen

hat. Sie kann alle Lieder auswendig. Für das Casting rechnet sie sich gute Chancen aus. Marla beobachtet sie aufmerksam. Als Jenny ihr Lied beendet hat, schaut sie Fiona und Marla fragend an.

Fiona bemüht sich, ernst zu bleiben, aber es gelingt ihr nicht besonders gut. Auch Marla muss grinsen.

„Was ist?", fragt Jenny aufgebracht.

„Du kannst nicht singen, Jenny", sagt Fiona. Auch Marla schüttelt den Kopf.

„Aber tanzen kann ich doch, oder?"

Die beiden nicken.

„Ich gehe trotzdem zum Casting. Tänzer brauchen sie auch. Und vielleicht findet Frau Dennert meine Stimme besser als ihr. Sie ist ja schließlich Musiklehrerin."

„Mann, Jenny, weißt du, wie viele Leute heute zum Casting gehen? Da hast du mit deiner Stimme echt keine Chance. Vergiss es", sagt Fiona.

„Ich singe ja sowieso im Duett. Ich brauche einen Partner. Dann klingt das auch gleich viel besser", erwidert Jenny und sieht sich suchend auf dem Schulhof um.

Als Lucas an den Mädchen vorbeiläuft, hält Jenny ihn am Arm fest. „Gehst du zum Casting?", fragt sie den verwunderten Jungen.

Lucas zuckt mit den Schultern.

„Aber du kennst doch den Song *Start Of Something New*, oder?"

Lucas nickt.

„Sing mal mit mir", fordert ihn Jenny auf und beginnt sofort, die erste Strophe zu singen.

Lucas schaut sich unsicher um. „Hier?", fragt er zweifelnd.

Jenny unterbricht genervt ihren Gesang. „Ja klar! Beim Casting sind noch viel mehr Leute. Die halbe Schule sieht zu."

Lucas schüttelt Jennys Hand ab, die immer noch seinen Arm umklammert. „Bist du verrückt? Ich sing doch nicht hier auf dem

31

Schulhof!", sagt er und geht kopfschüttelnd
weiter.

„Ich muss unbedingt üben", seufzt Jenny.

„Komm doch heute Nachmittag zu mir.
Ich hab die Karaoke-Version von dem Lied.
Dann kannst du singen üben", schlägt Marla
vor.

6. Kapitel:
Mittendrin

Die Mädchen sitzen am Nachmittag in Marlas Zimmer. Sie sehen sich zusammen das Musical auf DVD an. Marla ist glücklich über den Besuch der beiden.

„Zac ist soooo süß", schwärmt Jenny. „Schade, dass es auf unserer Schule nicht so süße Jungen gibt."

„Gibt es doch ...", sagt Fiona grinsend.

Jenny wird rot.

„Wen meint ihr?", fragt Marla neugierig.

„Samir aus der Neunten. Jenny schwärmt für ihn."

„Du doch auch, oder?", sagt Jenny vorwurfsvoll.

„Na und", gibt Fiona zurück, „alle Mädchen finden ihn toll. Der ist so nett und so hübsch. Alle sind verknallt in den. Sogar die Mädchen aus der Zehnten."

33

Marla grinst und legt die CD ein. Jenny und Fiona greifen zum Mikrofon.

„Deine arme Mutter …", sagt Fiona zu Marla und rollt die Augen.

Jenny boxt sie leicht in die Seite. „Konzentrier dich!", mahnt sie die Freundin.

Dann fangen sie an zu singen. Jenny gibt sich größte Mühe, aber Fiona muss ständig lachen.

„Mensch, Fiona", schimpft Jenny, „du bist jetzt Zac, mein Partner. Streng dich doch mal an! Sonst kann ich nicht üben."

Aber Fiona kann sich kaum beruhigen.

5 „Ich kann nicht singen. Meine Stimme ist noch schlimmer als deine."

Entschlossen schnappt sich Marla das Mikrofon und fängt an zu singen. Als Jenny an der Reihe ist, verpasst sie ihren Einsatz.

10 Mit offenem Mund starrt sie Marla an.

„Marla!", ruft sie bewundernd.

„Was?", fragt Marla scheinheilig. Sie weiß, dass sie eine sehr schöne Stimme hat.

„Warum kann ich nicht so singen wie du?

15 Das ist ja cool. Ich wusste gar nicht, dass Rollstuhlfahrer singen können."

Lachend gibt Marla zurück: „Ich singe ja nicht mit den Beinen."

„Trotzdem. Wie machst du das? Kannst du

20 mir das nicht beibringen?" Jenny ist ganz aufgeregt.

„Konnte ich schon immer", sagt Marla.
„Es gibt ein paar bekannte Sänger, die sitzen
auch im Rollstuhl. Einer ist sogar ein berühmter Opernsänger."

„Schade, dass du nicht laufen kannst. Mit
deiner Stimme hättest du bestimmt gute
Chancen beim Casting. Dann würde auch
mal jemand aus den jüngeren Klassen die
Hauptrolle bekommen und es wären nicht
immer nur die Großen dran", sagt Fiona
bekümmert.

„Kommt ihr eigentlich mit zum Casting?",
fragt Jenny.

Marla und Fiona zögern.

„Bitte", bettelt Jenny, „ihr müsst mich
unterstützen. Ich will wenigstens eine Tänzer-
rolle bekommen."

„Aber nur wenn du versprichst, dass du
nicht singst", sagt Fiona lachend. „Ich will
mich schließlich nicht mit dir blamieren."

Später gehen die Mädchen zum Park. Sie treffen dort Schulfreunde am Basketballfeld. Einige Jungen spielen gegeneinander, die Mädchen sehen zu. Neugierig wird Marla von einigen angeschaut. Sie kennen das Mädchen im Rollstuhl nur vom Schulhof. Dass Marla aber mit zum Treffpunkt kommt, wundert die anderen. Niemand spricht sie an und niemand macht dumme Bemerkungen. Auf dem Schulhof ist das manchmal etwas anders. Aber im Park halten sich alle zurück und Marla hat das Gefühl, ein bisschen dazuzugehören.

Als es anfängt zu regnen, begleiten Jenny und Fiona sie nach Hause. Marla ist glücklich. Sie hat einen schönen Tag mit ihren neuen Freundinnen verbracht.

7. Kapitel:
Im Scheinwerferlicht

In der Aula ist es still. Selten hört man in der
Schule so wenige Geräusche. Auf der Bühne
stehen vier Mädchen. Lindas rote Haare
funkeln im Scheinwerferlicht. Die Mädchen
haben ein Textblatt in der Hand und warten
darauf, dass die Musik einsetzt. Dann beginnen sie zu singen. Jede von ihnen hat eine
Strophe von der Musiklehrerin Frau Dennert
zugewiesen bekommen. Linda macht ihre
Sache gut und ihre Klassenkameraden
applaudieren kräftig.

Viele Jugendliche sind mit zum Casting
gekommen, um ihre Freundinnen und
Freunde zu unterstützen. Auch Marla hat
sich von Fiona und Jenny überreden lassen
mitzugehen. Sie steht ein wenig abseits und
schaut gespannt auf die Bühne. Als Jenny an
der Reihe ist, hält sich Fiona zum Spaß die

Ohren zu und zwinkert Marla zu. Jenny singt nicht schlecht, aber gegen die anderen hat sie keine Chance. Frau Dennert schickt sie zu den Tänzern. Jenny scheint trotzdem glücklich zu sein. Die Tänzer werden von den beiden Sportlehrern trainiert. Wer ein bisschen tanzen kann, hat gute Chancen, bei der Aufführung dabei zu sein.

Als Samir auf der Bühne singt, jubeln alle Mädchen in der Aula, als wäre er ein berühmter Popstar.

„Der bekommt die Rolle von Zac. Sollen wir wetten?", flüstert Fiona. Marla nickt. Tatsächlich sind die Rollen der männlichen Darsteller schnell besetzt. Und wieder sind es vor allem die älteren Schüler, die eine Hauptrolle bekommen haben.

Bei den Mädchen gibt es noch Zweifel. Sie sollen ein weiteres Lied singen. Linda ist aufgeregt. Ihre Chancen sind gut. Alle strengen sich jetzt ganz besonders an. Jede möchte am

liebsten die Rolle der Gabriella bekommen, Zacs Filmpartnerin. Denn jedes Mädchen wünscht sich, mit Samir zusammen singen und spielen zu dürfen.

Frau Dennert, die Musiklehrerin, steht neben Marla und Fiona. „Na, Fiona, hattest du keine Lust?", fragt sie.

„Ich kann nicht singen, Frau Dennert."

„Tanzen auch nicht?"

Fiona schüttelt den Kopf. Dann zeigt sie auf Marla. „Aber sie kann singen. Viel, viel besser als die anderen Mädchen."

„Wirklich? Warum hast du dich nicht angemeldet?", fragt Frau Dennert.

Marla wird rot. Sie wirft ihrer Freundin einen bösen Blick zu. „Das ist doch ein Musical. Da muss man singen und tanzen können", antwortet sie und deutet auf ihren Rollstuhl.

„Stimmt nicht. Jenny kann nicht singen, aber tanzen kann sie. Du kannst eben nicht

tanzen. Aber wenn du singen kannst, dann solltest du uns das mal zeigen."

Marla schüttelt den Kopf. Inzwischen hat auch Jenny mitbekommen, dass die Lehrerin mit ihren Freundinnen spricht. Heftig nickt sie mit dem Kopf und versucht, Marla auf die Bühne zu winken. Marla schaut Jenny jedoch nur an und tippt sich mit dem Finger an die Stirn.

„Schade, ich hätte es gerne mal gehört. Die Mädchen können mich nämlich bis jetzt alle noch nicht mit ihrem Gesang überzeugen."

Fiona beschwört ihre Freundin. „Bitte, Marla. Du kannst das. Du bist viel besser als die anderen. Und dann würde mal eine aus unserer Klasse die Hauptrolle bekommen. Linda schafft das sowieso nicht."

Frau Dennert ist wieder zu der Gesangsgruppe gegangen und gibt den Mädchen letzte Tipps.

„Nein, ich mach das nicht!", erwidert Marla.

„Aber du könntest mit Samir auf der Bühne stehen", schwärmt Fiona.

Inzwischen singen die Mädchen wieder. Als sie das Lied beendet haben, schüttelt Frau Dennert den Kopf. Immer wieder schaut sie zu Marla. Die möchte am liebsten sofort die Aula verlassen. Frau Dennert winkt sie zu sich heran. Ohne dass Marla etwas tut, bewegt sich ihr Rollstuhl auf die Lehrerin zu. Wütend dreht sie sich zu Fiona um, die sie grinsend schiebt.

„Hör auf", schimpft Marla, „ich komme gar nicht da hoch."

Aber Fiona lässt sich nicht beirren und Jenny klatscht und hüpft vor Begeisterung. Als sie vor der Bühne stehen, fragt Frau Dennert: „Versuchst du es wenigstens mal?"

Marla nickt zögerlich. Unter den Augen der verwunderten Mädchen und Jungen trägt einer der beiden Sportlehrer Marla auf die Bühne, zwei Jungen bringen ihren Rollstuhl

die Stufen hoch. Samir stellt ihr das Mikrofon ein. Als die anderen begreifen, was los ist,
wird es unruhig. Vor allem die fünf Mädchen,
die noch um die Hauptrolle kämpfen wollen,
schauen ärgerlich auf das Mädchen im Rollstuhl. Einige Schülerinnen und Schüler in
den Zuschauerreihen beginnen zu tuscheln,
manche lachen. Marlas Herz klopft schnell.
Sie fühlt sich sehr unwohl. Doch dann denkt
sie: Ich kann es, ich werde es euch zeigen.

Als die Musik einsetzt und Marla zu singen beginnt, wird es schlagartig still in der Aula. Sie spürt die erstaunten Blicke der Zuschauer. Nur hin und wieder sieht sie zu Jenny hinüber, die immer noch hüpft und fast geräuschlos in die Hände klatscht.

Nachdem der letzte Ton verklungen ist, hört Marla leisen Applaus. Einige Zuschauer sind aufgestanden, jemand pfeift anerkennend. Dann wird das Klatschen lauter. Aber nicht alle sind begeistert. Die fünf Mädchen auf der Bühne starren sie sprachlos an.

Freudestrahlend kommt Frau Dennert auf Marla zu. „Toll", ruft sie begeistert, „das war super! Du bist ganz klar die beste Sängerin."

Marla lächelt. Sie ist glücklich. Aber die Mädchen, die nun wütend zu ihr schauen, trüben ihre Freude.

„Okay, Frau Dennert, sie kann gut singen. Aber mit dem Rollstuhl geht das ja nun mal nicht", sagt ein älteres Mädchen, das auf der

44

Bühne neben Linda steht. Die anderen nicken zustimmend.

„Warum denn nicht?", fragt die Musik-lehrerin.

„Wie sieht das denn aus? Das ist ein Musical, da kann niemand im Rollstuhl mitmachen."

„Ist doch Quatsch!", mischt sich nun Samir ein. „Man kann doch alles so umschreiben, dass sie mitmachen kann."

„Das sieht aber total blöd aus", sagt das ältere Mädchen.

„Besser als blöder Gesang", gibt Samir zurück.

Fiona, die mit Jenny direkt vor der Bühne steht, fasst sich an die Stirn und tut so, als würde sie ohnmächtig werden. Jenny formt aus ihren Händen ein Herz und hält es in Samirs Richtung. Nur Marla und Fiona können es sehen. Die drei Mädchen müssen lachen.

45

„Was lachst du so blöd?", fragt das ältere Mädchen.

Marla zuckt zusammen.

„Lachst du mich aus oder was?"

„Nein, ich habe …, das hatte …", stammelt Marla.

Frau Dennert hebt ihre Arme. „Schluss für heute!", ruft sie. „Wir müssen über die Mädchenrollen noch mal nachdenken. Heute werden wir das nicht entscheiden."

Auf dem Weg nach Hause plappern Jenny und Fiona ununterbrochen.

„Samir hat dich total verteidigt", schwärmt Jenny.

„Und wie blöd Anna geguckt hat …", grinst Fiona. „Die dachte bestimmt, dass sie die Rolle bekommt."

„Ach, das wäre so super, wenn du die Gabriella singen könntest!" Jenny ist völlig aus dem Häuschen. „Stell dir das mal vor, Marla!"

Marla ist froh, als sie endlich bei ihr zu Hause angekommen sind. Sie ist noch viel zu aufgeregt, um wirklich darüber nachdenken zu können, was heute passiert ist.

„Wie war dein Tag?", fragt ihre Mutter.

Marla atmet tief ein. „Hm, ja, also ... ich war mit Jenny und Fiona beim Casting", sagt sie schließlich. „Jenny hat zuerst ..."

Da klingelt das Telefon und ihre Mutter verschwindet ins Wohnzimmer. Als sie Marla später beim Abendessen noch einmal fragt, erzählt Marla lieber nichts von ihrem plötzlichen Auftritt. Ihre Eltern würden sie sofort überreden wollen, die Hauptrolle zu übernehmen.

„Du kannst die meisten Sachen genauso gut wie die, die nicht im Rollstuhl sitzen", würde ihr Vater wieder sagen.

Und weil sie nicht weiß, ob sie wirklich zum nächsten Casting gehen soll, erzählt sie zu Hause lieber nichts mehr von diesem aufregenden Nachmittag.

8. Kapitel:
Eifersucht

Am nächsten Tag ist Marlas Auftritt das
Gesprächsthema in der Schule. In der Mensa
stecken Jungen und Mädchen ihre Köpfe
zusammen und tuscheln miteinander, als
Marla hereinkommt. Sogar die Frau an der
Essenausgabe scheint Bescheid zu wissen.
Sie lächelt Marla zu und sagt: „Na, das hast
du ja wohl richtig toll gemacht!"

Marla rollt auf den Tisch zu, an dem ihre
Klassenkameraden sitzen. Emma schiebt
einen Stuhl zur Seite, damit Marla einen
Platz findet.

„Cool, Marla!", sagt Eric anerkennend und
beißt in sein Brötchen.

Jenny schwärmt den anderen von Marlas
Auftritt vor. „Ihr hättet mal Annas blödes
Gesicht sehen sollen. Die hat ganz sicher
gedacht, dass sie die Rolle spielen wird."

Linda stochert in ihrem Joghurt herum.
„Trotzdem wär es blöd, wenn Marla singen
würde", sagt sie leise.

Die Frau von der Essenausgabe kommt an
den Tisch und stellt Marla lächelnd ein Glas
Apfelsaft hin.

„Hab ich gar nicht bestellt", sagt Marla
verwirrt.

„Ich weiß", sagt die kleine, dicke Frau,
„ist nur so." Sie zwinkert Marla zu und geht
wieder.

„Das ist doch echt richtig bescheuert!",
ruft Linda wütend. Sie knallt ihren Joghurt
auf das Tablett, schiebt mürrisch ihren Stuhl
zurück und geht.

Die anderen schauen ihr verwundert nach.
„Blöde Kuh", sagt Metin leise und die anderen
lachen.

Als Linda an Annas Tisch vorbeikommt,
bleibt sie stehen und flüstert ihr etwas ins
Ohr. Anna schaut zu Marla hinüber und

49

grinst. Dann steht sie auf und kommt langsam auf Marla zu. Linda bleibt abseits stehen
und beobachtet die beiden.

Als Anna am Tisch ist, beugt sie sich zu
⁵ Marla herunter. „Na, du armes behindertes
Mädchen. Bekommst Apfelsaft geschenkt,
bekommst eine Gesangsrolle geschenkt. Und
das alles nur, weil du so ein armer kleiner
Krüppel bist."

Marla ist sprachlos. Ihr Herz schlägt ihr bis zum Hals.

„Bist du bescheuert?", ruft Jenny aufgebracht.

„Halt die Klappe!", faucht Anna zurück. Dann stößt sie beiläufig mit der Hand gegen Marlas Glas. Der Saft fließt über den Tisch. Wütend springt Metin auf, aber Eric zieht ihn wieder zurück auf seinen Stuhl.

„Oh, Entschuldigung!", ruft Anna mit gespieltem Entsetzen und fügt leise hinzu, sodass nur Marla es verstehen kann: „Das ist für dein blödes Lachen gestern!" Dann geht sie genauso langsam wieder weg, wie sie gekommen ist.

Der Saft tropft von der Tischkante. Marlas Hose ist nass. Rasch nimmt sie ihre Jacke und legt sie über den Fleck. Niemand soll glauben, dass sie sich in die Hose gemacht hätte.

Als Marla, Jenny und Fiona wieder auf
dem Schulhof sind, steht Linda mit Anna
zusammen. Auch andere ältere Mädchen
haben sich um die beiden versammelt und
hören zu, was Linda erzählt.

Frau Dennert kommt lächelnd auf Marla
zu. „Unsere Sängerin!", ruft sie fröhlich.
„Morgen Nachmittag um drei, okay?"

Marla nickt vorsichtig. Frau Dennert hält
den Daumen hoch und geht weiter.

„Was ist denn los?", fragt Fiona.

„Nichts", antwortet Marla genervt.

„Sag bloß, du lässt dir von dieser blöden
Kuh die Laune verderben", schimpft Jenny.

„Mann, nein! Aber ich will das nicht. Ich
will nicht auf der Bühne singen. Alle denken
dann, ich darf nur mitmachen, weil ich im
Rollstuhl sitze."

„So ein Quatsch! Können doch alle hören,
wie gut du singst."

„Trotzdem", sagt Marla.

Es klingelt. Schweigend gehen sie Richtung Klassenraum. Metin winkt den drei Freundinnen zu und läuft ihnen entgegen. Als er an der Gruppe mit den älteren Mädchen vorbeikommt, tut er so, als würde er stolpern. Dabei fällt ihm sein Trinkpäckchen Kakao aus der Hand und Annas helle Jeans ist voller Flecken.

„Du Idiot!", brüllt Anna und holt aus. Aber Metin weicht aus und Anna schlägt ins Leere.

„'tschuldigung", stammelt Metin mit Unschuldsmiene.

Als Anna verärgert die Flecken wegwischen will, schaut Metin grinsend zu den Mädchen hinüber. Heimlich lachend gehen sie zu ihrem Klassenraum.

9. Kapitel:
Enttäuschungen

„Mach nicht auf!", ruft Marla ihrer Mutter
aus ihrem Zimmer zu. Sie hat die Haustür-
klingel gehört und weiß, wer davor steht.
Die Uhr zeigt halb drei und die fröhlichen
Stimmen ihrer Freundinnen hat sie schon
gehört, bevor es an der Tür geklingelt hat.
Ihr Handy hat sie direkt nach dem Unterricht ausgestellt, um nicht erreichbar zu sein.
Aber nun stehen die Mädchen vor der Tür.
Sie haben sogar Emma und Semra zur Unterstützung mitgebracht.

„Ich lüge nicht für dich", sagt die Mutter
auf dem Weg zur Haustür.

„Mann, Mama!", flucht Marla. Wütend
fährt sie zur Tür, nimmt dabei die Kurve zu
schnell und knallt mit dem Rollstuhl gegen
den Schrank im Flur. Ein kleines Stück Holz
splittert ab.

„Casting!", ruft Jenny fröhlich.

Verwundert schaut Marlas Mutter die Mädchen an.

„Wissen Sie das noch gar nicht?", plappert Fiona los. „Marla hat so gut gesungen, dass sie bei unserer Musical-Aufführung bestimmt die Rolle der Gabriella bekommt."

„Heute ist noch mal Vorsingen", ergänzt Emma.

Die Mutter wirft Marla einen verwunderten Blick zu.

„Ich mach da nicht mit", sagt Marla leise.

„Spinnst du?", ruft Jenny entgeistert.

Doch Marla schaut nur stur vor sich hin.

„Sie ist wirklich total gut!", sagt Jenny dann zu Marlas Mutter und hofft auf Unterstützung.

Aber Marlas Mutter schaut nur interessiert von einer zur anderen und sagt kein Wort.

Erst als Marla genervt ihren Rollstuhl dreht und wegfahren will, hält die Mutter sie am

Arm fest. „Solltest du das deinen Freundinnen nicht wenigstens erklären?", fragt sie ruhig, aber bestimmt.

„Was soll ich denn da erklären? Ich will nicht mitmachen. Ich will keine Extrawurst, nur weil ich im Rollstuhl sitze."

„Wieso Extrawurst?", fragt Emma vorsichtig.

„Weil Anna recht hat. Ich will nicht die Rolle bekommen, nur weil ich im Rollstuhl sitze."

„Totaler Quatsch!", stellt Jenny unbeirrt fest. „Du singst einfach gut. Deshalb bekommst du die Rolle. Und vielleicht klappt es ja auch gar nicht. Aber zum Casting sollten wir unbedingt gehen. Anna und Linda denken sonst, dass sie dich mit ihren blöden Sprüchen davon abgehalten haben."

„Ist mir völlig egal, was die denken. Ich mach da nicht mit. Ich will keine Rolle und ich … und ich …", stammelt sie leise, „ich will auch keinen Apfelsaft."

Als sie den Mädchen den Rücken zukehrt, hat sie Tränen in den Augen. Ihre Mutter zuckt mit den Schultern und die Mädchen ziehen enttäuscht ohne ihre Freundin los. Das Casting wollen sie sich auch ohne Marla ansehen.

Wenig später sitzt Marlas Mutter im Zimmer ihrer Tochter und schaut sie fragend an.

„Mama, lass mich einfach. Ich will da nicht mitmachen. Das ist ein Musical. Die anderen singen und tanzen und ich sitz blöd daneben in meinem Rollstuhl. Das arme behinderte Mädchen. Ich will das nicht. Warum versteht das denn niemand? Muss ich immer alles mitmachen? Auch wenn ich gar nicht will?"

Die Mutter schüttelt den Kopf. „Nein, natürlich nicht. Ist nur schade, wenn du wirklich so gut bist, wie die anderen sagen. Und die Sprüche von Anna und Linda?"

„Nichts. Ist nicht wichtig. Die waren nur sauer."

„Soll ich mal mit deinem Schulleiter wegen der beiden sprechen?", fragt die Mutter vorsichtig.

„Wehe!", ruft Marla entsetzt.

„Du hättest gewonnen", sagt Jenny am nächsten Morgen, als sie mit Marla auf dem Weg zur Schule ist.

Marla wirft ihr einen genervten Blick zu.

„Ehrlich. Jetzt hat Anna die Rolle bekommen. Die singt nicht so gut. Da ist Linda sogar noch besser."

Auf dem Schulhof angekommen, möchte Marla sich am liebsten verstecken. Sie schämt sich, dass sie das Casting nicht wenigstens abgesagt hat. Einfach nicht hinzugehen war ziemlich feige. Das hat ihr ihre Mutter am Abend zuvor noch gesagt und Marla weiß, dass sie recht hat.

Vor dem Klassenraum trifft sie auf Frau Dennert, die gerade aus dem Lehrerzimmer kommt. Marla wäre am liebsten unsichtbar, aber die Musiklehrerin hat sie schon entdeckt.

„Was war los mit dir?", fragt sie.

„Ich möchte das nicht, Frau Dennert. Tut mir leid, dass ich nicht Bescheid gesagt habe", sagt Marla leise.

Die Lehrerin nickt. „Wie wäre es mit dem Chor?", fragt sie. „Hättest du Lust, beim großen Finale mitzusingen, wenn alle tanzen? Wir brauchen noch gute Chorsänger."

Marla zögert einen Moment. Dann spürt sie einen Schubs gegen ihre Schulter und dreht sich verwundert um. Jenny steht hinter ihr. „Klar singt sie beim Chor mit", verkündet sie fröhlich.

Aber die Lehrerin hört nicht auf Jenny. Sie schaut immer noch Marla an.

„Okay", sagt Marla schließlich, „beim Chor mache ich mit."

„Versprochen?", fragt Frau Dennert und hält Marla ihre Hand hin.

Marla lächelt und schlägt ein: „Versprochen."

10. Kapitel:
Mathe und andere Probleme

Jenny kaut an ihrem Bleistift und schaut auf das Blatt Papier, das vor ihr auf dem Schreibtisch liegt. Sie verzweifelt an den Aufgaben. Mathe konnte sie noch nie gut.

Marla sitzt neben ihr und zeigt mit dem Finger auf eine Stelle im Buch. „Steht alles da. Jetzt musst du die Aufgabe genau so rechnen wie die im Buch. Eben nur mit anderen Zahlen."

„Ich weiß", sagt Jenny und stöhnt. „Wieso kannst du das alles so gut?"

Marla zuckt mit den Schultern.

„Ich hab nie Lust zum Lernen", meint Jenny.

„Ich auch nicht. Aber wenn ich sowieso nicht weiß, was ich machen soll, dann übe ich manchmal. Vielleicht klappt es deshalb besser."

Jenny nickt. „Aber gehst du nicht auch viel lieber raus?", fragt sie dann.

„Doch", antwortet Marla, „aber auf meiner alten Schule hatte ich kaum Freunde, mit denen ich mich treffen konnte. Die hatten ja alle irgendwelche Behinderungen. Morgens wurden wir dann immer zur Schule gebracht und mittags wieder abgeholt. Eine von meinen Freundinnen hat fünfzehn Kilometer weit weg

von mir gewohnt. Da kann man sich nicht mal einfach am Nachmittag treffen."

Jenny versucht, sich vorzustellen, wie das ist. Immer zu Hause sitzen, keine Freunde treffen können. Nachdenklich schaut sie ihre Freundin an.

„Gut, dass du jetzt bei uns bist", sagt sie und lächelt.

„Finde ich auch", sagt Marla und lächelt zurück.

„Lass uns noch zum Spielplatz gehen. Die anderen sind auch da", sagt Jenny schließlich und klappt ihr Buch zu.

Es ist kalt geworden und eigentlich hat Marla wenig Lust, bei dem Nieselregen auf den Spielplatz zu gehen. Aber sie ist glücklich darüber, dass Jenny sie immer dabeihaben möchte. Und meistens waren die Nachmittage mit den anderen auch ganz lustig.

Als sich Jenny und Marla dem Spielplatz nähern, kommt Lucas ihnen schon auf seinem

BMX-Rad entgegen. Er zieht den Lenker hoch und fährt auf einem Rad.

„Hi", sagt er zur Begrüßung und fährt dann wieder zurück zu den anderen. Fiona winkt ihren Freundinnen zu. Sie sitzt auf einem Geländer und schaut den Jungen zu, die mit ihren Rädern kleine Kunststücke üben. Meistens gehen sie schief, aber wenn etwas klappt, klatschen die Mädchen.

„Lasst uns mal über die Halde fahren", ruft Eric den anderen zu, „da sind noch super Wege."

Die fünf Jungen fahren mit ihren Rädern los, die Mädchen laufen ihnen nach. Jenny und Fiona sind in ein Gespräch über einen Film vertieft und merken gar nicht, dass Marla nicht so schnell hinterherkommt. Schon bald laufen sie den ersten Hügel hinauf. Marla versucht es gar nicht erst. Sie weiß, dass sie es nicht auf die Halde schafft, nicht allein, aber auch nicht mit Hilfe der

anderen. Enttäuscht bleibt sie unten am Weg stehen und schaut den Freunden nach. Die Jungen sind schon lange nicht mehr zu sehen und als sich die Mädchen schließlich auch immer weiter entfernen, dreht Marla um und macht sich allein auf den Weg nach Hause.

Später am Abend bekommt Marla eine SMS. *Alles ok bei dir?*

Alles ok, antwortet sie.

Dann folgt ein *Sorry* und Marla sendet ein Smiley zurück.

Sie können nicht auf alles verzichten, nur weil ich nicht immer dabei sein kann, denkt sie. Aber sie freut sich, dass die Mädchen sie vermisst haben.

11. Kapitel:
Alle wollen ans Meer

Herr Gabler steht vor der Klasse und macht ein ernstes Gesicht. Marlas Tisch ist unbesetzt. Ihre Mutter hat sie für ein paar Tage entschuldigt, weil sie im Krankenhaus einige Untersuchungen hat.

„Wir müssen noch mal über die Klassenfahrt sprechen", sagt er.

„Ist doch alles klar, das haben wir doch schon besprochen", ruft Eric. Sofort reden alle wild durcheinander. Die Mädchen und Jungen freuen sich schon sehr auf die erste gemeinsame Reise.

„Das schon, aber jetzt haben wir eine andere Situation", sagt Herr Gabler nachdenklich und schaut zu Marlas leerem Platz. Im Klassenraum wird es plötzlich sehr still.

„Wieso?", fragt Fiona. „Kann Marla denn nicht mitfahren?"

„Doch, das kann sie", antwortet Herr Gabler, „aber wir müssen uns jetzt ein paar mehr Gedanken um unsere Fahrt machen."

Die Schüler schauen ihn erwartungsvoll an. Keiner versteht, was er meint. Bisher hat mit Marla alles gut geklappt und es gibt viele, die ihr helfen.

„Die Jugendherberge ist nicht für Rollstuhlfahrer geeignet. Es gibt zu viele Stufen. Das geht nicht."

„Dann suchen wir uns eine andere Unterkunft", schlägt Lucas vor.

„Genau, soll ich mal im Internet danach suchen?", fragt Max.

„Das wäre gut", sagt Herr Gabler, „aber wir müssen uns auch ein anderes Ziel suchen."

In der Klasse wird es wieder unruhig. Alle reden durcheinander und es dauert eine Weile, bis Herr Gabler weitersprechen kann.

„Ich weiß, dass ihr gerne ans Meer wolltet, aber für Marla ist das nichts."

67

„Wieso nicht?", fragt Eric.

Alle schauen gespannt zu Herrn Gabler. Der lehnt an seinem Pult und biegt eine Büroklammer mit seinen Fingern zurecht.

5 „Wie soll das gehen? Ihr liegt am Strand und spielt im Wasser. Und sie? Was soll sie machen? Oben auf der Promenade stehen und zuschauen? Sie kann mit ihrem Rollstuhl nicht in den Sand."

10 Leises Gemurmel ist zu hören. Einige nicken zustimmend, andere scheinen nicht einverstanden zu sein.

„Wir könnten vielleicht doch besser eine Stadt besichtigen", gibt Herr Gabler zu 15 bedenken. „Da kann Marla mit dabei sein. Dann wären wir alle zusammen."

„Aber, Herr Gabler, das ist unfair. Wir haben doch abgestimmt. Wir wollten alle ans Meer", sagt Eric.

20 „Na ja", wirft Semra ein, „da kannten wir Marla aber noch nicht."

„Ja und? Wir sind zweiundzwanzig und wollen alle ans Meer. Müssen wir jetzt alles wegen einer Person ändern? Das ist doch ungerecht", erwidert Eric.

Herr Gabler schaut in die Runde und mustert jeden einzeln. Bei Eric scheint sein Blick besonders lange haften zu bleiben. „Vielleicht denkt ihr einfach noch mal darüber nach", sagt er und man merkt ihm an, dass er sehr enttäuscht von seiner Klasse ist. „Max, es wäre toll, wenn du mal im Internet nach Jugendherbergen schauen könntest, die behindertengerecht sind. Vielleicht schaffst du es, uns am Montag ein paar Vorschläge zu machen. Jenny und Flo, ihr solltet als Klassensprecher noch mal mit euren Mitschülern diskutieren. Es wäre schön, wenn ihr eine Lösung findet, mit der wir alle zufrieden sein können."

Herr Gabler schaut auf seine Armbanduhr. „Ihr habt jetzt noch fünfzehn Minuten

Unterricht. Nutzt die Zeit für ein Gespräch. Ich gehe raus, dann könnt ihr euch in Ruhe miteinander unterhalten."

    Die Schüler schweigen betreten. Herr Gabler schaut noch einmal in die Runde, dann verlässt er langsam den Klassenraum.

12. Kapitel:
Was heißt hier „egal"?

Am Montag versammeln sich die Kinder der
7a in der letzten Stunde mit einem unguten
Gefühl im Stuhlkreis. Auch Herr Gabler
fühlt sich nicht besonders wohl. Am Wochen-
ende hat er lange über die Klassenfahrt nachgedacht. Er hofft, dass sich seine Schüler auf
ein anderes Ziel geeinigt haben.

„Es gibt viele Unterkünfte für Rollstuhlfahrer", sagt Max und hält einen Zettel in der
Hand.

Herr Gabler nickt ihm anerkennend zu.
„Schön, dass du dich darum gekümmert
hast." Dann fährt er fort: „Marla fehlt ja
heute noch, deswegen möchte ich mit euch
noch mal über das Ziel sprechen."

„Das haben wir letztens auch gemacht",
sagt Jenny. Sie und Florian haben mit den
anderen aus der Klasse am Freitag noch

ziemlich lange diskutiert. Unruhig rutscht
Jenny auf ihrem Stuhl herum. „Herr Gabler",
sagt sie vorsichtig, „wir konnten uns nicht so
richtig einigen."

5 „Klar", ruft Eric, „wir haben abgestimmt.
Zwölf sind für das Meer …"

„Und zwei waren dagegen", wirft Emma ein.

Herr Gabler nickt. Er ist froh, dass immer-
hin zwei dagegen waren. Von den anderen ist
10 er jedoch enttäuscht. „Das sind vierzehn. Was
haben die anderen sieben für eine Meinung?",
fragt Herr Gabler.

„Die haben sich enthalten. Ist ihnen egal",
antwortet Eric.

15 „Egal?", fragt Herr Gabler schockiert. „Wie
kann einem so eine Entscheidung denn bitte
egal sein? Gehört Marla nun zu euch oder
nicht?"

Viele Schüler schauen auf den Boden.
20 Manchen scheint ihre Entscheidung jetzt
unangenehm zu sein. Herr Gabler ist auf-

gestanden. Er läuft hinter den Stühlen der Jugendlichen im Kreis. Dann bleibt er stehen und sieht zu Semra.

„Was ist mit dir? Hast du dafür gestimmt?"

5 Semra schüttelt den Kopf. „Mir war es egal", antwortet sie leise.

„Dir war es also egal." Herr Gabler läuft
weiter. Dann bleibt er plötzlich wieder stehen.
„Aber als du in Mathe eine Sechs geschrieben
hast, da war das Marla nicht egal. Da hat sie
mit dir geübt, bis du es verstanden hast. Oder,
Semra?"

Semra nickt und schaut auf ihre Schuh-
spitzen. Sie schämt sich und ärgert sich über
sich selbst.

„Und du, Metin? Was hast du gesagt?",
fragt Herr Gabler.

Aber noch bevor Metin antworten kann,
mischt sich Eric ein: „Das ist fies, Herr
Gabler. Sie sagen doch immer, dass wir
demokratisch entscheiden müssen. Wir
haben demokratisch entschieden. Das haben
Sie uns beigebracht. Und wir wollen eben
ans Meer."

„Da hast du recht, Eric. Aber ich bin einfach enttäuscht von euch. Einige aus der
Klasse sind viel besser in der Schule geworden,

seit Marla bei uns ist. Komischer Zufall, oder?
Wie konntest du in Biologie so ein gutes
Referat schreiben, Emma? Das hat Marla
für dich gemacht, stimmt's? Und Justin, eine
Eins im Vokabeltest? Das erste Mal. Hast du
so fleißig geübt? Oder hat Marla dich vielleicht abschreiben lassen?"

„Woher wissen …? Wie kommen Sie …?",
stottert Justin.

„Ich bin nicht blöd. Ich habe gesehen, dass
Marla ihr Heft extra so hingelegt hat, damit
du alles sehen kannst."

Justin grinst verlegen.

„Und wenn wir einfach noch mal abstimmen?", schlägt Jenny vor.

„Wieso denn?", fragt Linda. „Wir haben
doch abgestimmt. Wir fahren in diesem Jahr
ans Meer und im nächsten Jahr woanders
hin. Meinetwegen auch in eine Stadt oder so.
Aber in diesem Jahr wollen wir ans Meer, so
wie wir es geplant haben."

75

„Genau. Und Marla kommt dann im nächsten Jahr mit. So ist das nun mal in der Demokratie", stimmt Justin zu.

„Richtig", ruft Lucas, „wir haben entschieden, wohin wir wollen!"

„Das habt ihr", sagt Herr Gabler ruhig, „aber ob wir die Fahrt überhaupt durchführen, das entscheide ich."

„Aber, Herr Gabler, Sie …", stottert Linda entsetzt.

Jenny stößt ihr in die Seite und flüstert: „Halt den Mund."

Es klingelt zum Schulschluss, aber alle bleiben auf ihren Plätzen sitzen und starren Herrn Gabler an.

„Schluss für heute", sagt er seufzend und packt seine Tasche.

„Fahren wir jetzt nicht?", fragt Metin enttäuscht.

„Ich weiß es noch nicht, Metin", antwortet Herr Gabler. Er steht in der Tür und wartet

auf seine Schüler. Langsam stehen die ersten
auf und verlassen schweigend den Raum. Erst
als sie draußen sind und der Lehrer sie nicht
mehr hören kann, fangen sie wieder an miteinander zu reden.

13. Kapitel:
Alles Lüge

Die Wintersonne strahlt, aber die Temperaturen liegen unter null. Linda, Justin, Eric, Lucas und Jenny stehen an der Bushaltestelle.

„Meint ihr, der fährt jetzt nicht mit uns weg?", fragt Linda.

Jenny zuckt mit den Schultern. Lucas stößt mit seinem Fuß in eine gefrorene Pfütze.

„Das ist doch unfair", schimpft Eric. „Erst sagt er, wir sollen abstimmen, und dann dürfen wir doch nicht alleine entscheiden."

„Ja, aber ein bisschen hat er schon recht", erwidert Jenny.

„Klar wäre es besser, wenn Marla auch mitkommen könnte. Aber das geht nun mal nicht. Wir können ja auch nichts dafür, dass sie nicht laufen kann", meint Lucas.

„Soll ich euch mal was sagen?", flüstert Linda geheimnisvoll. Die anderen schauen sie

gespannt an. „Ich glaube das gar nicht. Ich glaube, die kann laufen. Die verarscht uns alle."

Jenny tippt sich an die Stirn. „Spinnst du jetzt total? Marla setzt sich doch nicht freiwillig in einen Rollstuhl."

„Ich habe schon mal so einen Film gesehen, da hat auch ein Junge nach einem Unfall so getan, als wenn er nicht mehr laufen könnte. Sonst hätte er nämlich das Geld zurückzahlen müssen, das er von der Versicherung wegen dem Unfall bekommen hat. Und das war richtig viel. Vielleicht ist das bei Marla auch so."

Ungläubig schauen die anderen Linda an. Jenny schüttelt den Kopf.

„Ich schwöre euch, ich habe letztens gesehen, wie sie mit dem Bein gewackelt hat. Die ganze Zeit. Sie hat Musik gehört und mit dem Bein gewackelt, im Takt", sagt Linda.

„Quatsch", sagt Lucas, „das glaube ich dir nicht."

„Ich denke mir das doch nicht aus", verteidigt sich Linda.

„Also ich weiß nicht, vorstellen könnte ich mir das schon. Ist doch cool. Alle kümmern sich um dich, du brauchst nichts zu machen. Alle bedauern dich und so. Vielleicht hat Linda recht", sagt Eric.

„Genau", meint Justin, „und wir mussten extra noch den Raum wechseln. Und zum Schwimmen gehen wir bestimmt auch wegen ihr. Ich würde viel lieber in der Sporthalle Fußball spielen. Aber nein, wegen der müssen wir jetzt ins Schwimmbad."

„Sag ich doch. Alles läuft so, wie Marla es will. Und immer wird sie bevorzugt. Die wäre doch blöd, wenn sie laufen würde." Linda hat einen hochroten Kopf.

„Überlegt mal, was wir wegen Marla alles anders machen müssen. Wir haben uns doch nicht ausgesucht, dass die zu uns kommt. Sie wollte das doch so. Und wenn wir wegen der

jetzt nicht mehr auf Klassenfahrt fahren,
dann flipp ich echt aus!" Eric ist wütend und
tritt gegen die Bank im Wartehäuschen.

Endlich kommt der Bus. Jenny ist froh, dass
bei den anderen kein Platz mehr frei ist. Sie
möchte lieber alleine sein. Das Gespräch über
Marla gefällt ihr nicht. Jenny malt mit ihrem
Finger ein Muster an die beschlagene Fenster-
scheibe. Sie denkt darüber nach, was Linda
gesagt hat, und sie versucht, sich zu erinnern.

Wie war das vor ein paar Wochen, als sie bei Marla zu Hause waren, sie und Fiona? Hat Marla da nicht auch plötzlich mit einem Bein gewackelt? Jenny hat es zwar gesehen, aber nicht weiter darüber nachgedacht. Sie hat es einfach vergessen. Aber jetzt fällt es ihr wieder ein. Kann es sein, dass Marla alle täuscht? Kann sie ihre Beine doch bewegen?

Jenny wird es plötzlich sehr heiß. Hat ihre Freundin Marla vielleicht doch alle angelogen? Jenny will das nicht glauben. Aber sie hat gesehen, dass Marla ihre Beine bewegen kann. Und jetzt hat es Linda auch gesehen.

14. Kapitel:
Kühler Empfang

Glücklich fährt Marla auf ihren Klassenraum
zu. Endlich raus aus dem Krankenhaus,
endlich wieder zurück zu den Freundinnen.
Sie hat sich ein wenig verspätet, aber sie wird
keinen Ärger bekommen. Schließlich wäre
sie eigentlich noch gar nicht da. Als sie in
den Klassenraum kommt, ruft Herr Gabler
erstaunt: „Marla, was machst du denn schon
hier? Ich denke, du bist im Krankenhaus."

„Ich wurde heute Morgen entlassen und
wollte unbedingt noch kommen. Meine
Mutter hat mich schnell hergefahren, aber
ich bin trotzdem ein bisschen zu spät."
Zufrieden schaut sich Marla in der Klasse um.
Aber nur Emma erwidert ihr Lächeln. Alle
anderen schauen zur Tafel oder auf ihre Hefte.

„Macht nichts", sagt Herr Gabler und geht
zur Seite, damit Marla an ihren Tisch fahren

kann. Irgendjemand macht leise einen Witz und Marla hört ein vorsichtiges Lachen.

„Was gibt es?", fragt Herr Gabler in die Klasse, aber er bekommt keine Antwort.

In der Pause wundert sich Marla. Sie will ihren Freundinnen vom Krankenhaus erzählen. Und natürlich möchte sie wissen, was in den letzten Tagen in der Schule passiert ist. Aber nur Emma verbringt die Pause mit ihr. Von Jenny und Fiona ist weit und breit nichts zu sehen. Die beiden Mädchen haben den Klassenraum so schnell verlassen, dass Marla sie nicht einholen konnte. Auch auf ihr Rufen haben sie nicht reagiert. Marla merkt sofort, dass irgendetwas nicht stimmt, aber Emma beruhigt sie: „Ach, die tuscheln in letzter Zeit öfter mal zusammen. Ich weiß nicht, vielleicht sind sie verliebt oder so. Die gackern die ganze Zeit so albern rum."

„Was?", fragt Marla neugierig. „In wen denn? Erzähl doch mal."

84

Plötzlich steht Linda neben ihr. „Na, Marla, wie war es im Krankenhaus?", fragt sie mit gespielter Freundlichkeit. Noch bevor Marla antworten kann, redet Linda weiter: „Du hättest ruhig noch ein bisschen da bleiben können."

Marla ist so erstaunt, dass sie gar nicht antworten kann.

„Hau ab, Linda", sagt Emma und schiebt das Mädchen zur Seite.

Emma schaut sich nach Metin um. Eigentlich ist er immer in der Nähe und achtet auf Marla. Aber dann fällt Emma ein, dass Metin schon den ganzen Tag fehlt. Zum Glück kommt Herr Gabler auf die Mädchen zu. Er hat Aufsicht und will sich mit seinen Schülerinnen unterhalten. Linda flüstert Emma und Marla noch drohend zu: „Wir sehen uns nach dem Unterricht."

15. Kapitel:
Albtraum auf dem Heimweg

Auf dem Heimweg fühlt Marla sich unwohl.
Zwar hat Linda sie den restlichen Tag in
Ruhe gelassen, aber Jenny und Fiona sind
wieder weit vorausgelaufen. Marla hat keine
Chance, sie einzuholen. Kein Wort hat sie
mit den beiden Mädchen gewechselt. Emma
wurde von ihrer Mutter mit dem Auto abgeholt. Hätte Marla gewusst, dass sie auf dem
Heimweg alleine ist, hätte sie sich auch von
ihrer Mutter abholen lassen. Sie ist traurig.
Ihren ersten Tag nach dem Krankenhaus
hatte sie sich anders vorgestellt.

Plötzlich geht Linda neben ihrem Rollstuhl. „Weißt du, dass wegen dir vielleicht die
Klassenfahrt ausfällt? Nur weil wir so einen
beschissenen Krüppel in der Klasse haben.
Wir wollen dich hier nicht! Geh doch auf
eine Krüppelschule!"

Marla schluckt. Am liebsten würde sie Linda eine passende Antwort geben. Aber sie ist so erschrocken, dass ihr die Worte fehlen. Tränen schießen in ihre Augen. Doch sie will auf keinen Fall vor Linda weinen. Marla schaut stur nach vorne und tut so, als wenn Linda gar nicht da wäre.

Sie hört die Stimmen von Justin und Eric. Vielleicht helfen die beiden mir, hofft Marla. Eric taucht auf der anderen Seite des Rollstuhls auf. Marla fährt langsamer. Sie schaut sich um. Immer weniger Kinder sind hier zu Fuß unterwegs.

Eric und Linda reden und lachen miteinander. Dann läuft Justin an ihnen vorbei, dreht sich zu Marla um und sagt höhnisch: „Steh mal auf, Krüppel." Eric bleibt stehen und ruft: „Hast du nicht gehört? Du sollst aufstehen!"

Marla hält den Rolli an. Gleich kommt der Bus, denkt sie. Die drei müssen schnell

87

weitergehen, wenn sie den Bus nehmen wollen.
Aber sie haben keine Eile.

Marla bewegt die Reifen. Sie will weg von
den Mitschülern, aber der Weg ist sehr schmal.
Als sie an ihnen vorbeifahren will, hält Linda
den Rollstuhl von hinten fest.

„Lass mich in Ruhe, du blöde Kuh!",
schreit Marla aufgebracht.

„Was sagst du? Blöde Kuh? Du beschissene
Lügnerin, halt bloß die Klappe!" Linda blickt
sie hasserfüllt an und versetzt ihr dann einen
solchen Schlag, dass der Rollstuhl sich auf
Eric zubewegt. Sein Fuß wird zwischen Rollstuhl und Bordstein eingeklemmt. Marla
fährt sofort ein Stück zurück, aber Eric brüllt
schon: „Bist du bescheuert?"

Er schaut auf seinen Schuh. An einer
Stelle ist das weiße Leder eingerissen.
Wütend hält er Marla seinen Fuß mit dem
kaputten Schuh vor die Nase und schreit:
„Guck mal, was du gemacht hast, du

Schlampe! Die sind neu!" Immer wieder
wischt Eric über das Leder.

„Das war ich nicht ... Dafür kann ich
nichts", stammelt Marla ängstlich.

„Das war ich nicht", äfft Eric sie nach.
„Klar warst du das!"

Er versucht, den Schmutz mit Spucke weg-
zuwischen. Der kleine Riss bleibt aber.

Marla möchte nur noch weg. Sie dreht
ihren Rollstuhl und fährt los, so schnell sie
kann. Aber Eric rennt ihr hinterher und hat
sie schnell eingeholt. „Bleib hier!", brüllt er
und zerrt an ihrem Rollstuhl.

Und dann passiert es: Der Rollstuhl
stürzt plötzlich um und Marla liegt auf dem
Gehweg.

Eric schaut Marla erschrocken an, aber
dann rennt er weg. Schnell hat er die anderen
eingeholt. Niemand dreht sich zu ihr um.
Niemand sieht sie auf dem Asphalt liegen.
Und niemand hilft ihr hoch.

Ihre Schulter schmerzt und die Haut an ihrer Hand ist abgeschürft. In ihrem Rucksack ist ihr Handy. Aber der Rucksack hängt am Rollstuhl und der ist ein Stück weit den
5 Gehweg heruntergeschlittert. Marla stützt sich auf und versucht, sich über den Boden zu ziehen. Als sie endlich das Handy in der Hand hält, verlässt sie der Mut: Das Display ist zersplittert, sie kann nichts erkennen.

Kurze Zeit später steht eine ältere Frau neben ihr und versucht, sie zu beruhigen. Aber Marla kann die Tränen nicht aufhalten, die über ihre Wangen rollen.

„Hast du starke Schmerzen?", fragt die fremde Frau.

Marla antwortet nicht. Dann hört sie die Sirene eines Krankenwagens.

16. Kapitel:
Chaos in der 7a

Zwei Tage nach dem Streit zwischen Marla und Eric steht Herr Gabler vor seiner Klasse und sagt: „Ich möchte euch nur mitteilen, dass euer Mitschüler Eric Nowak heute Morgen von unserem Schulleiter beurlaubt wurde. Er darf diese Schule nicht mehr besuchen. Man wird eine andere Schule für ihn suchen."

Entsetzt starren ihn die Schüler an. Dann reden alle durcheinander. Abwehrend hebt Herr Gabler seine Hände. „Ruhe, bitte", sagt er. „Wir werden nicht darüber diskutieren. Es wurde so entschieden. Und nach allem, was ich weiß, finde ich diese Entscheidung auch sehr richtig."

„Aber was ist denn passiert, Herr Gabler? Ich weiß von gar nichts", sagt Jenny aufgebracht.

Herr Gabler schaut sich in der Klasse um. „Kann jemand von euch etwas dazu sagen?", fragt er.

Niemand antwortet. Einige Schüler drehen sich nach hinten um. Aber es meldet sich keiner.

„Er hat Marla angegriffen und aus dem Rollstuhl geworfen."

Wieder wird es in der Klasse laut und unruhig.

„Habt ihr denn alle gar nichts mitbekommen? Ihr habt doch zum Teil denselben Weg. Ihr müsst den Streit doch bemerkt haben."

„Ich habe nur einen Streit zwischen Linda und Marla mitbekommen", sagt Emma.

Fragend sieht Herr Gabler Linda an. Sie wirft Emma einen bösen Blick zu.

Aber dann wendet sie sich an ihren Lehrer und ruft: „Herr Gabler, ich finde das total unfair! Marla hat uns alle angelogen. Sie ist

gar nicht behindert. Ich habe gesehen, dass sie ihre Beine bewegen kann. Und ich habe es Eric erzählt. Der war auch total sauer auf sie. Weil wir doch wegen ihr nicht ans Meer fahren können. Und das hat er ihr auch gesagt. Da gab es Streit zwischen den beiden. Das ist doch wirklich echt gemein! Die macht hier auf arme Rollstuhlfahrerin und alle müssen nach ihrer Pfeife tanzen."

Entsetzt springt der Lehrer von seinem Stuhl auf. „Was sagst du da? Sag mal, weißt du überhaupt, was du da redest?"

„Das stimmt, Herr Gabler. Ich habe es genau gesehen. Und Jenny weiß es auch. Sag doch mal was, Jenny!", ruft Linda verzweifelt.

Jenny schaut auf ihren Tisch, dann nickt sie. „Stimmt, ich habe es auch gesehen", sagt sie kaum hörbar.

Herr Gabler setzt sich kopfschüttelnd wieder hin. Er stützt seine Ellenbogen auf den Tisch und reibt seine Augen.

„Spasti", sagt Metin plötzlich.

Justin fängt laut an zu lachen, einige andere grinsen heimlich.

Metin dreht sich zu Justin um und wiederholt: „Spasti."

„Meinst du mich, Alter? Spinnst du?", ruft Justin und stützt sich drohend auf seinem Tisch auf.

Aber Metin reagiert nicht auf die Frage von Justin. Er schaut zu Herrn Gabler und sagt: „Hat mein Cousin auch. Der ist auch im Rollstuhl. Da wackeln die Beine, obwohl er gar nicht laufen kann."

„Spasmen sind das, Metin", berichtigt Herr Gabler. Er fährt sich durch die Haare und seufzt. „Spasmen sind Muskelzuckungen. Man kann sie nicht kontrollieren. Die meisten Querschnittgelähmten haben das. Die Muskeln sind ja noch da. Und manchmal zucken sie, das kann der Mensch nicht beeinflussen."

95

In der Klasse ist es sehr still geworden. Nur Metin nickt und sagt: „Wie bei meinem Cousin."

Nach einer Weile schaut Herr Gabler zu Linda, die nervös an ihrem Daumennagel kaut. „Und, Linda? Hast du Marla gefragt, was mit ihren Beinen los ist?"

Linda schüttelt den Kopf.

Herr Gabler nickt. „Dachte ich mir. Aber du wusstest sofort, dass sie eine Lügnerin ist." Herr Gabler geht langsam zum Fenster. Er schaut auf den leeren Schulhof. Hinter seinem Rücken hört er kein einziges Wort.

Als die Jugendlichen auf den Pausenhof gehen, sagt Florian leise zu Linda: „Scheiße, da haben wir Marla ganz schön ungerecht behandelt."

„Wieso? Dann kann sie eben doch nicht laufen. Trotzdem versaut sie uns alles. Denk mal an Eric!", gibt Linda wütend zurück.

17. Kapitel:
Vorwürfe

Als Marla am nächsten Tag zur Schule kommt,
sind alle anderen schon in den Klassenräumen.
Kurz bevor sie die Tür ihres Klassenraums
erreicht hat, hört sie, wie jemand ihren Namen
ruft. Sie dreht sich um und sieht Herrn
Schmidt. Der Schulleiter winkt sie zu sich
und bittet sie in sein Büro.

„Der Unterricht fängt doch gleich an", sagt
sie verwundert. In dem Moment hört sie die
Schulklingel.

„Macht nichts. Herr Gabler weiß, dass
ich mit dir sprechen möchte." Herr Schmidt
schließt die Tür und setzt sich an seinen
Schreibtisch. Nach einer kurzen Pause fragt
er: „Was war am Dienstag los?"

Marla tut so, als würde sie nachdenken.

„Du hast eine Verletzung im Gesicht",
stellt der Schulleiter fest.

Und an der Schulter und an der Hand auch, denkt Marla.

„Ich bin gefallen", sagt sie.

„Einfach so?", fragt Herr Schmidt eindringlich.

Marla nickt, aber sie kann ihn nicht mehr ansehen. Es ist still in dem großen Raum. Irgendwo tickt eine Uhr.

„Ich weiß, dass Eric für deinen Sturz verantwortlich ist."

Marla schweigt. Woher weiß er das?, fragt sie sich. Sie hat nur ihren Eltern von dem Streit erzählt. Ihre Mutter wollte sofort zur Schule gehen, um sich beim Schulleiter zu beschweren. Aber Marla hat sie angefleht, es nicht zu tun: „Behandelt mich nicht immer wie ein kleines Baby. Ich sitze im Rollstuhl, aber ich kann selber sprechen. Ich kläre das mit Eric. Er hat das bestimmt nicht absichtlich gemacht. Ich brauche kein Kindermädchen, das immer alles für mich regelt.

Haltet euch da bitte raus!" Daraufhin haben ihre Eltern ihr versprochen, nicht zum Schulleiter zu gehen. Aber jetzt kommen Marla Zweifel, ob sich ihre Eltern an dieses Versprechen gehalten haben.

Herr Schmidt steht auf und kommt auf sie zu. „Marla", sagt er eindringlich, „ich muss wissen, was da passiert ist. Vielleicht erstatten wir Anzeige bei der Polizei. Aber erst musst du alles erzählen."

Eine Anzeige bei der Polizei? Marlas Herz schlägt schneller. Reiß dich zusammen, denkt sie. Er kann nichts wissen. Die ältere Frau ist zufällig vorbeigekommen. Marla sieht den Schulleiter an und sagt: „Es ist nichts passiert. Kann ich jetzt in den Unterricht?"

Herr Schmidt atmet tief ein, dann nickt er.

Im Klassenraum fährt sie an ihren Tisch und schlägt ihr Klassenarbeitsheft auf. Ihre Hände zittern ein wenig. Sie spürt, dass Herr Gabler und ihre Mitschüler sie anschauen.

Aber sie starrt nur auf ihr Blatt und versucht, sich zu konzentrieren.

In der ersten Pause versammeln sich einige Mitschüler um sie herum. Niemand fragt sie, wie es ihr geht. Niemand spricht sie auf das

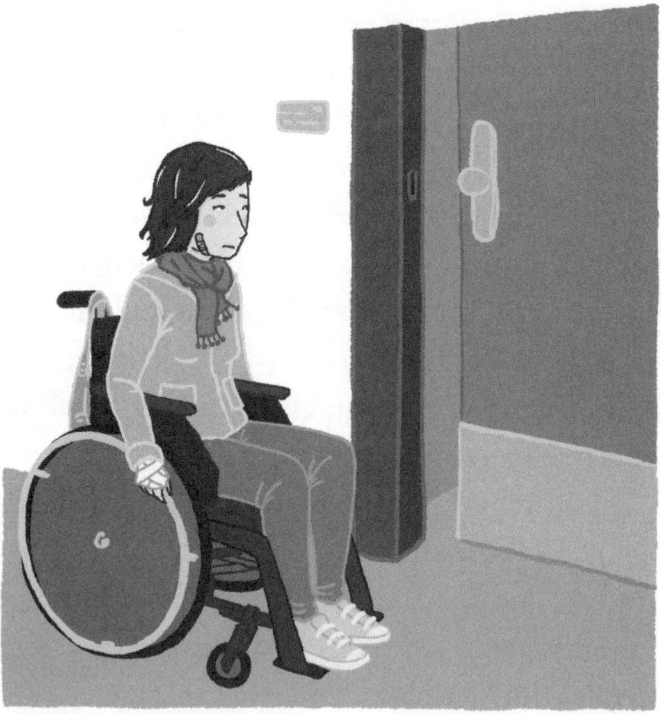

Pflaster im Gesicht an. Niemand will wissen, warum ihre Hand verbunden ist.

Aber alle wollen wissen, was sie dem Schulleiter erzählt hat.

„Du bist schuld daran, dass Eric die Schule wechseln muss", sagt Justin wütend.

„Spinnst du?", entgegnet Marla aufgebracht.

„Klar, du bist gleich zum Schmidt gerannt. Eric hat das doch nicht mit Absicht gemacht."

„Was kann der dafür, dass deine Karre gleich umkippt?!", schreit Linda ihr ins Gesicht.

„Ich bin nicht zum Schmidt gegangen", sagt Marla leise.

„Klar", ruft Linda, „und warum musste Eric dann gehen?"

„Das weiß ich doch nicht."

„Weil du gesagt hast, dass er dich aus dem Rollstuhl geworfen hat!", brüllt Justin.

Marla schüttelt den Kopf. Ihre Augen füllen sich mit Tränen. Warum glaubt mir

101

niemand?, fragt sie sich. Warum hält niemand zu mir? Selbst Metin steht abseits.

„Jenny", sagt sie traurig. Aber die Freundin dreht sich um und geht.

„Verpiss dich bloß!", sagt Justin wütend. „Wir haben die Schnauze voll von dir. Du gehörst nicht zu uns, niemals."

Als es klingelt und die Jugendlichen wieder in ihre Klassenräume gehen, dreht Marla ihren Rollstuhl um und fährt nach Hause.

18. Kapitel:
Ein unerwarteter Gast

Marla sitzt am Fenster zur Terrasse und schaut in den Garten. Vier Tage ist sie nun schon zu Hause. Nach dem Streit mit den anderen ist sie nicht mehr zur Schule gefahren.

Ihr Vater ist wütend. „Du willst jetzt die Schule wechseln? Das ist doch nicht richtig. Eric müsste die Schule wechseln und nicht du."

„Macht er doch. Herr Schmidt hat ihn rausgeworfen."

„Richtig so", sagt ihr Vater grimmig.

„Er war doch selber erschrocken", antwortet Marla. „Ich glaube nicht, dass das Absicht war."

„Vielleicht", versucht die Mutter einzulenken. „Aber er hätte dir helfen müssen."

Das hätte er, denkt Marla, aber sie sagt nichts mehr.

103

Es klingelt an der Haustür. Marlas Mutter spricht mit jemandem, aber Marla versteht nichts. Es wäre schön, wenn wenigstens Jenny mich besuchen würde, denkt sie. Aber in den letzten vier Tagen hat sich niemand aus der Klasse gemeldet. Nur Herr Gabler hat zweimal angerufen, um mit ihren Eltern zu sprechen.

„Du hast Besuch", hört sie ihre Mutter sagen.

Marla dreht ihren Rollstuhl um und ist erstaunt, als sie Lucas im Wohnzimmer stehen sieht.

Etwas verlegen hebt er seine rechte Hand zum Gruß. Marla lächelt und rollt langsam auf ihn zu.

„Ich wollte dir die Hausaufgaben bringen", sagt Lucas.

„Hat Herr Gabler dich geschickt?"

„Nö, ich dachte nur …, weil du jetzt so viel versäumst."

„Ich komme nicht mehr zu euch. Meine Eltern werden mir eine andere Schule suchen", erwidert Marla.

Lucas scheint erstaunt zu sein. Er zieht die Augenbrauen hoch. „Ah, okay …", stammelt er. Am liebsten würde er nach dem Warum fragen, aber eigentlich weiß er es.

Nach einer Weile fragt er: „Und wann? Also wann gehst du zu der anderen Schule?"

„Weiß ich noch nicht. Wenn meine Eltern was gefunden haben."

Marlas Mutter steht mit zwei Gläsern Saft in der Tür. Sie lehnt am Rahmen und schaut die beiden an.

Marla ist genervt. Sie will sich in Ruhe mit Lucas unterhalten. „Komm", sagt sie, „wir gehen in mein Zimmer."

Ihrer Mutter wirft sie einen kurzen Blick zu, der sagen soll: Lass uns bitte mal in Ruhe! Im Vorbeigehen drückt Marlas Mutter Lucas die beiden Saftgläser in Hände.

In Marlas großem Zimmer schauen sich die beiden kurz an. Weil keiner von beiden weiß, was er sagen soll, fragt Marla schließlich: „Sollen wir eine DVD ansehen?" Lucas nickt erleichtert.

Als sich Lucas später verabschiedet, geht es Marla gut. Zwar haben die beiden kaum miteinander gesprochen, aber wenigstens ist einer aus ihrer Klasse zu ihr gekommen.

19. Kapitel:
Offene Worte

Am nächsten Tag sitzt Marla an ihrem
Schreibtisch und beschäftigt sich mit den
Aufgaben, die Lucas ihr vorbeigebracht hat.
Als sie ihr Mathebuch zuklappt, zeigt ihr
Handy an, dass sie eine Nachricht bekommen
hat. Aufgeregt liest sie: *Bist du zu Hause?*
Gruß Lucas.

Marla antwortet nur mit einem kurzen *Ja*.
Sie würde gerne mehr schreiben, aber ihr fällt
nichts ein.

Soll ich vorbeikommen?, fragt Lucas.

Kaum hat Marla ihre Antwort abgeschickt,
klingelt es an der Tür. Er muss schon vor
dem Haus gewesen sein, denkt sie.

„DVD?", fragt sie, als sie in ihrem Zimmer
sind.

„Später vielleicht", antwortet Lucas und
lässt sich auf das kleine Sofa fallen.

„Ich wollte mal mit dir sprechen", sagt er. Und dann nach einer kurzen Pause: „Wegen Eric."

Marla setzt sich aufrecht hin. Wegen Eric? Deshalb ist er also gekommen. „Wieso?", fragt sie.

„Na ... na ja ...", stottert Lucas. „Ich soll dir sagen, dass es ihm sehr leid tut. Er wollte das nicht."

Marla nickt. Sie hat überhaupt keine Lust, über Eric zu sprechen. Warum kommt er nicht selber, um mir zu sagen, dass es ihm leid tut?, fragt sie sich.

„Der ist eigentlich nicht so ...", sagt Lucas. Er steht auf, geht an das Fenster und schaut hinaus. „Eric ist schon lange mein Freund ... So was hat er noch nie gemacht. Mensch, scheiße ...", stammelt Lucas und dreht sich wieder zu ihr um.

„Und was hab ich damit zu tun?", fragt Marla genervt.

Lucas zuckt mit den Schultern.

„Ich hab dem Schmidt nichts gesagt, gar nichts. Ich habe erst mit ihm gesprochen, da war Eric schon von der Schule geflogen."

Lucas schaut sie an und sagt leise: „Ich weiß."

„Du glaubst mir also?"

„Ich weiß, dass du nicht bei ihm warst. Das war eine Anwohnerin, eine ältere Frau. Die hat das vom Fenster aus beobachtet. Dann hat sie den Krankenwagen angerufen und ist zu dir gekommen. Und sie war auch beim Schmidt. Auf unseren Klassenfotos hat sie ihm Eric gezeigt und gesagt, dass er dich absichtlich umgeworfen hat."

Marla ist wütend. „Warum hast du das den anderen nicht erzählt? Alle denken, dass es meine Schuld ist, dass Eric von der Schule geflogen ist."

„Ich weiß es auch erst seit gestern."

Fragend sieht Marla ihn an.

„Die Frau, das ist 'ne Bekannte von meiner Oma. Die hat die Geschichte meiner Oma erzählt. Und meine Oma hat es mir dann gestern erzählt."

Marla nickt. Sie ist ein bisschen erleichtert. Endlich glaubt ihr jemand. „Aber hast du das seit gestern irgendeinem gesagt?", fragt sie vorsichtig.

Lucas schüttelt den Kopf.

„Machst du es noch?", will Marla wissen.

„Wenn du willst … okay. Aber jetzt ist doch sowieso alles egal. Eric ist weg, du bist weg."

„Na ja, jetzt könnt ihr wenigstens eure Klassenfahrt so machen, wie ihr wolltet."

„Scheiß auf die Klassenfahrt! Macht doch gar keinen Spaß ohne euch. Und Eric, na ja, der hatte sich total darauf gefreut, weil er noch nie am Meer war."

„Noch nie?", fragt Marla ungläubig.

Lucas schüttelt den Kopf. „Die verreisen nie, haben keine Kohle. Deswegen ist er auch

so ausgerastet, als sein Schuh kaputt war. Eric hat ewig gespart, damit er sich die Schuhe kaufen konnte."

„Wusste ich nicht", sagt Marla.

„Klar", sagt Lucas leise, „der will nicht, dass die anderen wissen, wie wenig Geld die haben. Er schämt sich irgendwie."

Marla nickt. Eric tut ihr plötzlich ein bisschen leid. Bis zu dem schrecklichen Nachmittag vor ein paar Tagen mochte sie ihn sogar ganz gerne. Wäre er bloß nicht weggelaufen und hätte er doch etwas wegen der Schuhe gesagt, denkt sie. Ihre Eltern hätten ihm bestimmt das Geld für neue Schuhe gegeben. Jetzt war alles so durcheinander, Eric an einer anderen Schule und sie vielleicht auch bald. Sie denkt an die schönen Stunden zurück, die sie alle miteinander verbracht haben. Sie vermisst ihre Klasse und auch Herrn Gabler.

111

20. Kapitel:
Geheime Pläne

Marla sitzt mit ihren Eltern beim Mittagessen. Die Sonne scheint, aber draußen ist es kalt. Ein wenig Schnee liegt seit der letzten Nacht auf den Bäumen.

„Heute Nachmittag sollten wir einen Ausflug machen", sagt ihr Vater.

„Gute Idee", stimmt ihre Mutter zu. Beide schauen Marla erwartungsvoll an.

Aber Marla starrt nur auf ihren Teller.

„Ich muss euch was sagen", flüstert sie. Dann schaut sie von einem zum anderen und sagt: „Mit der neuen Schule ... also ich wollte ... eigentlich möchte ich ..."

Sie weiß nicht so recht, wie sie ihren Eltern erklären soll, dass sie gerne in ihre alte Klasse zurück möchte. Ihr Vater hat schon viel herumtelefoniert, um eine neue Schule für sie zu finden.

„In einer Woche sind Weihnachtsferien
und danach haben wir sicher was Neues für
dich gefunden", sagt ihre Mutter.

„Bis dahin kannst du noch zu Hause lernen,
aber nach den Ferien geht's wieder los", meint
ihr Vater.

Marla nickt. „Eigentlich möchte ich gar
nicht woanders hin", sagt sie leise und traut
sich kaum, ihre Eltern anzusehen.

„Wieso denn plötzlich?", fragt ihre Mutter.

Es klingelt an der Tür. Marla ist erleichtert,
dass das Gespräch erst einmal beendet ist.

„Du hast Besuch!", ruft ihre Mutter.

Marla dreht sich um und sieht Jenny und
Fiona im Flur stehen. Jenny hat einen Kuchen
auf dem Arm und schaut Marla mit großen
Augen an. Als sich die Mädchen gegenüber-
stehen, hat Marla vor Freude Tränen in den
Augen.

„Haben wir für dich gebacken", sagt Fiona
und deutet auf den Kuchen.

Marla lächelt, als sie den Kuchen genauer betrachtet. Mit blauer Zuckerfarbe steht dort: *ENDSCHULDIGUNG*. Und mit roter Farbe haben die Mädchen kleine Herzen auf den Kuchen gespritzt.

„Ich hab ihr gesagt, dass man Entschuldigung mit T schreibt und nicht mit D, aber da war es schon zu spät", erklärt Fiona.

„Sollen wir den jetzt zusammen essen?",
fragt Jenny zaghaft.

„Klar! Warum denn nicht?", fragt Marla.

„Na, weil wir so blöd sind", murmelt Jenny.

„Vorher darfst du mir eine klatschen für
meine Blödheit", sagt Fiona.

„Mir auch", sagt Jenny und hält Marla die
Wange hin.

„Quatsch!", sagt Marla. „Ich freue mich
total, dass ihr da seid. Ich hab euch so vermisst."

Jenny beugt sich runter und umarmt ihre
Freundin. „Tut mir echt sehr leid. Wir haben
uns richtig scheiße benommen."

„Freundinnen für immer?", fragt Fiona und
hält ihre Hand in die Mitte.

Die anderen beiden Mädchen legen ihre
Hände darüber und wiederholen: „Freundinnen für immer!"

Als die Mädchen später in Marlas Zimmer
sitzen, sprechen sie über die Dinge, die passiert

sind: über Eric, den Unfall, über Lucas und
die anderen.

„Jetzt verstehe ich auch, warum Eric wegen
der Klassenfahrt so wütend war", sagt Jenny
nachdenklich.

Fiona schaut auf den Kuchen, von dem
noch über die Hälfte auf Marlas Tisch steht.
„Wir haben noch so viel Kuchen", sagt sie
grinsend. „Wer soll den jetzt noch essen mit
dem falschen D drauf?" Dann holt sie ihr
Handy raus und wählt zwei Nummern.

Kurze Zeit später sitzen sie zu fünft in
Marlas Zimmer und schmieden einen Plan.

21. Kapitel:
Neue Chancen

Die Mädchen und Jungen der Klasse 7a sind
im Physikraum. Alle sitzen an ihren Plätzen
und schauen an die Tafel, nur die Plätze
von Marla und Eric sind leer. Jenny, Fiona
und Lucas werfen sich manchmal einen
heimlichen Blick zu und müssen grinsen. Es
fällt ihnen an diesem Morgen sehr schwer,
sich auf den Unterricht zu konzentrieren.
Immer wieder schaut Jenny heimlich auf ihr
Handy.

Ein paar Räume weiter schaut der Schulleiter,
Herr Schmidt, erstaunt von seinem Schreibtisch auf, als er sieht, wer ihn sprechen möchte.
Die beiden, die in seinem Büro stehen, hat er
schon einige Tage nicht mehr in der Schule
gesehen. Das Mädchen, weil sie woanders
hin wollte, den Jungen, weil er woanders hin

musste. Und nun wollen ausgerechnet diese beiden mit ihm reden.

Neugierig und interessiert hört er zu, was die beiden ihm zu berichten haben.

5 Marla und Eric sind fast eine halbe Stunde bei Herrn Schmidt. Als sie sich von dem Schulleiter verabschieden, sind alle zufrieden und erleichtert. Die Stunde ist noch nicht zu Ende. Unschlüssig stehen die beiden auf 10 dem Flur vor dem Physikraum. Marla tippt schnell eine SMS in ihr neues Handy.

Dann sehen sie Herrn Gabler aus dem Zimmer des Schulleiters kommen. Er geht auf die beiden zu und lächelt. „Na, hab ich 15 das richtig verstanden? Hab ich jetzt tatsächlich wieder zwei Schüler mehr in der Klasse?", fragt er.

„Wenn Sie einverstanden sind ...", erwidert Marla.

20 „Klar bin ich einverstanden!"

„Danke, Herr Gabler", sagt Eric.

„Bedank dich bei Marla", antwortet Herr
Gabler.

„Hat er schon", sagt Marla und lächelt.

In der nächsten Pause herrscht große Aufregung auf dem Pausenhof. Um Marla und
Eric haben sich viele Jungen und Mädchen
versammelt.

Linda fällt Eric vor Freude um den Hals.
„Stimmt das wirklich? Bist du jetzt wieder
bei uns?", fragt sie aufgeregt.

Eric nickt und antwortet: „Wir beide,
Marla und ich."

Linda sieht zu Marla und verzieht das
Gesicht. Offensichtlich ist sie nicht erfreut
darüber, Marla wiederzusehen.

„Probleme?", fragt Eric.

Linda schüttelt erschrocken den Kopf.
„Nö, alles gut", antwortet sie leise.

Frau Dennert bahnt sich einen Weg durch
die Gruppe. Erstaunt sieht sie die beiden in
der Mitte an.

„Oh", sagt sie, „ich dachte schon, hier gibt es Ärger."

„Hier ist alles gut", sagt Eric, „besser geht's gar nicht."

Frau Dennert lächelt und will wieder gehen. Dann dreht sie sich noch mal um und sagt: „Marla, morgen ist Chorprobe. Nicht vergessen! Ich brauche endlich mal eine im Chor, die wirklich singen kann."

Marla rollt mit den Augen, lacht und nickt.

„Und Eric", sagt Frau Dennert augenzwinkernd, „du bist auch dabei."

„Ich?", fragt Eric entsetzt. „Ich kann gar nichts. Ich kann nicht singen und tanzen kann ich auch nicht."

„Ich weiß", sagt die Lehrerin fröhlich. „Du hilfst Marla auf die Bühne, klar?"

22. Kapitel:
Eine von uns!

Aufgeregt schauen die Jungen und Mädchen
Bilder an, die Max mit einem Beamer an die
Wand wirft. „Das ist das Haus", sagt er mit
ernstem Gesicht.

Dann zeigt er die verschiedenen Zimmer.
Die Jungen und Mädchen sind begeistert.
Alle freuen sich riesig auf die Klassenfahrt.
Nur noch wenige Monate, dann ist es end-
lich so weit.

„Das ist der Eingang für Marla", erklärt
Max weiter. „Die Türen sind etwas breiter
und das Klo ist größer. Außerdem gibt es da
eine eigene Dusche. Alles extra für Rollstuhlfahrer gemacht. Leider ist das Zimmer aber
auf einem anderen Flur, also ein bisschen weg
von uns anderen. Außerdem sind da noch
zwei normale Betten drin. Da können also
noch zwei andere mit rein."

„Cool", ruft Justin, „weit weg von Herrn Gabler!" Die anderen lachen.

„Müsst ihr euch vorher überlegen, wer mit zu Marla will", meint Max.

Metin hebt seinen Arm und ruft: „Ich mach das! Da kann ich ihr helfen."

Marla wirft Metin einen entsetzten Blick zu. Dann sieht sie aber, dass er grinst.

„Spinnst du?", ruft Jenny, die nicht gemerkt hat, dass Metin einen Spaß gemacht hat. „Fiona und ich gehen zu Marla. Ist doch klar!"

Dann ist die Vorführung der Fotos beendet. Die anderen klatschen und Max freut sich. Alle reden aufgeregt durcheinander.

Nur Herr Gabler schaut nachdenklich in die Runde. „Danke, Max. Da hast du dir wirklich viel Mühe gegeben. Aber was machen wir tagsüber? Marla kann nicht überall mit ihrem Rollstuhl hin."

„Ich trage sie!", ruft Metin. Und dann fügt er hinzu: „Das war kein Spaß."

Herr Gabler schaut Metin zweifelnd an. „Das geht mal ein kurzes Stück, aber doch nicht immer, Metin. Ist ja nett von dir, aber ich weiß nicht …"

Die Jungen und Mädchen grinsen ihren Lehrer an. Er kann nicht verstehen, warum sie so fröhliche Gesichter machen.

Dann steht Jenny auf, geht auf den Lehrer zu und legt ihm die Hand auf die Schulter. „Machen Sie sich mal keine Sorgen, Herr Gabler. Wir bekommen das schon hin. Wir sind ja nicht blöd. Ist alles geklärt."

Sie hält dem Lehrer einen Zettel hin. Ungläubig liest er, was die Schüler aufge-schrieben haben. Für jeden Tag haben sich Gruppen gebildet, die den Tag mit Marla verbringen werden, wenn sie nicht mit allen anderen zusammen sein kann.

Überrascht schaut er von einem zum anderen. „Das habt ihr alles schon alleine abgesprochen?"

123

„Klar", sagt Florian stolz.

Anerkennend nickt Herr Gabler. „Ich weiß gar nicht, was ich sagen soll. Ich bin richtig stolz auf euch!"

⁵ Die Jungen und Mädchen freuen sich über das Lob. Fragend schaut Herr Gabler zu Marla. Sie lächelt ihn an und nickt.

„Hätte ich nicht gedacht, dass ihr das alleine hinbekommt", sagt er und Jenny

meint, dass die Augen des Lehrers vor Freude sogar etwas feucht werden. „Dann fahren wir also doch ans Meer!", ruft sie begeistert.

„Ja, und am Strand gibt es auch so Holzbalken. Die gehen fast bis zum Wasser. Darauf kann Marla auch fahren. Das geht wirklich!", sagt Max. „Und außerdem kann man am Strand Rollstühle leihen, mit denen man durch den Sand fahren kann. Die haben ganz breite Reifen. Kein Problem."

Herr Gabler nickt. „Toll. Ich bin ganz erstaunt. Ihr habt an alles gedacht, auch für Marla."

„Logisch", sagt Lucas, „sie gehört doch schließlich zu uns!"

Zustimmend nicken die meisten Mädchen und Jungen. Dann klingelt es zur Pause und Herr Gabler schaut seinen Schülern nach, die fröhlich schwatzend den Raum verlassen. Metin schiebt den Rollstuhl.